I0163930

Todos los libros de Linkgua Ediciones cuentan con modelos de Inteligencia Artificial entrenados por hispanistas. Pregúntale al chat de tu libro lo que desees acerca de la obra o su autor/a.

Para **ebooks**: Accede a nuestro modelo de IA a través de este enlace.

Para **libros impresos**: Escanea el código QR de la portada con tu dispositivo móvil.

Obtén análisis detallados de nuestros libros, resúmenes, respuestas a tus preguntas y accede a nuestras ediciones críticas generativas para una experiencia de lectura más enriquecedora.
La transparencia y el respeto hacia la autoría de las fuentes utilizadas son distintivos básicos de nuestro proyecto. Por ello, las respuestas ofrecen, mediante un sistema de citas, las fuentes con las que han sido elaboradas.

Pedro Calderón de la Barca

Testamento y codicilo

Barcelona 2024
Linkgua-ediciones.com

Créditos

Título original: Testamento y codicilo.

© 2024, Red ediciones S.L.

e-mail: info@linkgua-ediciones.com

Diseño cubierta: Michel Mallard

ISBN rústica ilustrada: 978-84-9816-391-9.
ISBN ebook: 978-84-9816-838-9.

Cualquier forma de reproducción, distribución, comunicación pública o transformación de esta obra solo puede ser realizada con la autorización de sus titulares, salvo excepción prevista por la ley. Diríjase a CEDRO (Centro Español de Derechos Reprográficos, www.cedro.org) si necesita fotocopiar, escanear o hacer copias digitales de algún fragmento de esta obra.

Sumario

Brevísima presentación

La vida

Pedro Calderón de la Barca (Madrid, 1600-Madrid, 1681). España.

Su padre era noble y escribano en el consejo de hacienda del rey. Se educó en el colegio imperial de los jesuitas y más tarde entró en las universidades de Alcalá y Salamanca, aunque no se sabe si llegó a graduarse.

Tuvo una juventud turbulenta. Incluso se le acusa de la muerte de algunos de sus enemigos. En 1621 se negó a ser sacerdote, y poco después, en 1623, empezó a escribir y estrenar obras de teatro. Escribió más de ciento veinte, otra docena larga en colaboración y alrededor de setenta autos sacramentales. Sus primeros estrenos fueron en corrales.

Lope de Vega elogió sus obras, pero en 1629 dejaron de ser amigos tras un extraño incidente: un hermano de Calderón fue agredido y, éste al perseguir al atacante, entró en un convento donde vivía como monja la hija de Lope. Nadie sabe qué pasó.

Entre 1635 y 1637, Calderón de la Barca fue nombrado caballero de la Orden de Santiago. Por entonces publicó veinticuatro comedias en dos volúmenes y La vida es sueño (1636), su obra más célebre. En la década siguiente vivió en Cataluña y, entre 1640 y 1642, combatió con las tropas castellanas. Sin embargo, su salud se quebrantó y abandonó la vida militar. Entre 1647 y 1649 la muerte de la reina y después la del príncipe heredero provocaron el cierre de los teatros, por lo que Calderón tuvo que limitarse a escribir autos sacramentales.

Calderón murió mientras trabajaba en una comedia dedicada a la reina María Luisa, mujer de Carlos II el Hechizado. Su hermano José, hombre pendenciero, fue uno de sus editores más fieles.

Testamento de don Pedro Calderón de la Barca

Madrid, 20 mayo 1681

En el nombre de la Santísima Trinidad, Padre, Hijo y Espíritu Santo, tres personas distintas y un solo Dios todopoderoso, y de la Inmaculada en su primero instante purísima María, por quien merecimos al Unigénito hijo del eterno Padre, Verbo encarnado en sus siempre vírgenes entrañas habitar entre nosotros, verdadero Dios y verdadero hombre, para ser por nosotros y para nosotros sacrificado en el ara de la cruz, y sacramentado en el ara del altar; en cuyos tres principales misterios de nuestra santa fe, y en cuantos confiesa, cree y enseña la apostólica Iglesia católica Romana, primero y ante todas cosas protesto que bien y firme y verdaderamente creo como verdad infalible, que ni puede engañarse ni engañarnos, y bien y firme y verdaderamente espero como en poder infinito, y bien y verdaderamente amo como a bien sumo; y en el nombre del Ángel Custodio de mi guarda, gloriosos Arcángeles San Miguel y San Gabriel, bienaventurados Apóstoles San Pedro y San Pablo y señor Santiago, Patrón de las Españas, con todos los coros de los Ángeles, Santos y Santas de la corte celestial.

Sepan cuantos esta carta de testamento vieren como yo don Pedro Calderón de la Barca, caballero de la orden de Santiago, capellán de honor de Su Majestad y de los señores Reyes Nuevos de la santa Iglesia de Toledo, habiendo entrado en temerosa consideración de que no sea justo juicio de Dios en merecido castigo de mis culpas, y poco aprovechamiento de su espera arrebatarme con improvisa muerte, sin tiempo para hacer voluntaria resignación de mi alma y mi vida en sus piadosas manos, o ya que esto no sea sino inmensa misericordia suya llamarme con mortales avisos de desafuciado achaque; temeroso no menos de que aun en este caso (último don de su clemencia) la gravedad del accidente no me perturbe el uso de potencias y sentidos, ni otro temporal afecto de retardada disposición para aquel trance me divierta a nada que no sea pedirle perdón de mis pecados; hallándome sin más cercano peligro de la vida que la misma vida, y en mi cabal y entero juicio, cual fue servido repartirme el poder que me crió, la sabiduría que me redimió, y el amor que me llamó a su verdadero conocimiento, en hacimiento de gracias de tantos no merecidos beneficios y a efecto de adelantar en honra y gloria suya a lo cierto del morir lo incierto de la hora, conformándome, como si fuera ésta la última de mi vida, con su divina voluntad, dispongo la mía en esta manera.

Primeramente pido y suplico a la persona o personas que piadosas me asistan que luego que mi alma, separada de mi cuerpo, le desampare dejándole a la tierra, bien como restituida prenda suya, sea interiormente vestido del hábito de mi seráfico padre San Francisco, ceñido con su querda, y con la correa de mi también padre San Agustín, y habiéndole puesto al pecho el escapulario de Nuestra Señora del Carmen, y sobre ambos sayales, sacerdotales vestiduras, reclinado en la tierra sobre el manto capitular de señor Santiago, es mi voluntad que en esta forma sea entregado al señor capellán mayor y capellanes que son o fueren de la venerable Congregación de sacerdotes naturales de Madrid sita en la parroquial de señor San Pedro, para que usando conmigo, en observancia de sus piadosos institutos, la caridad que con otro cualquiera pobre sacerdote, me reciban en su caja (y no en otra) para que en ella sea llevado a la parroquial Iglesia de San Salvador de esta villa; y suplico así al señor capellán mayor y capellanes como a los señores albaceas que adelante irán nombrados, dispongan mi entierro, llevándome descubierto, por si mereciese satisfacer en parte las públicas vanidades de mi mal gastada vida con públicos desengaños de mi muerte; y asimismo les suplico que para mi entierro no conviden más acompañamiento que doce religiosos de San Francisco, y a su Tercera Orden de hábito descubierto, doce sacerdotes que acompañen la cruz, doce niños de la Doctrina y doce de los Desamparados. En esta conformidad llegado que sea mi entierro a dicha parroquia (cuyo templo estará con los lutos y luces que sin fausto basten a lo decente) vuelvo a suplicar al señor capellán mayor y capellanes me diga la Congregación la vigilia sin más música que su coro, y si fuese hora la misa de cuerpo presente, y si no, el siguiente día, y en él es mi voluntad que se entreguen a su tesorero 100 ducados; los cincuenta para que se digan de misas en la capilla de nuestro padre San Pedro en satisfacción de las que fueren de mi cargo, y los cincuenta, para que se repartan entre los presentes por vía de propina, con que dicho el último responso será mi sepultura la bóveda de la capilla que con el antiguo nombre de San Joseph está a los pies de la iglesia, donde hoy se venera colocada la santa imagen de la Sentencia de Cristo Señor Nuestro: aquí pues habrá prevenida otra caja sin más adorno que cubierta de bayeta, en que, sepultado mi cadáver en compañía de mis abuelos, padres y hermanos, espere la voz de su segundo llamamiento, con que habiéndose dado a los religiosos y a la Orden Tercera, a los sacerdotes, niños de la Doctrina y Desamparados la acostumbrada limosna, y a la parroquia la ofrenda que a los señores mis albaceas, proporcionada con mis caudales, más lícita parezca, es mi voluntad que se dé a su colecturía la limosna de nueve misas cantadas con diácono y subdiácono, vigilia y responso en los nueve consecutivos días de mi entierro, las cuales se han de decir en el altar de la bóveda por los difuntos que en ella yacen.

Ítem es mi voluntad que al padre comisario que es o fuere de los Santos Lugares de Jerusalén se le den por una vez 100 ducados, y le suplico que encomiende por mí una misa en la estación más cercana al lugar de la Santa Cruz.

Ítem es mi voluntad que a las mandas forzosas se les den 20 reales a todas por una vez, con que las aparto del derecho que tienen a mis bienes.

Ítem es mi voluntad que por mi alma, las de mis abuelos, padres, hermanos y bienhechores y por las de los señores Reyes Nuevos de la Santa Iglesia de Toledo y de todos aquellos a quien por alguna causa, que no ocurre a mi memoria, fuere deudor, se digan dos mil misas, y habiendo dado a la parroquia la parte que de ellas toca, es mi voluntad que los señores mis albaceas repartan las restantes por las demás parroquias en sacerdotes pobres a razón de tres reales.

Ítem declaro que por escritura que otorgué en esta villa en 17 de agosto del año de 1661 ante Juan de Burgos, escribano del numero de esta villa, fundé una memoria y capellanía de misas, y para su cumplimiento apliqué trece mil y novecientos reales de principal de tres censos y su renta que tenía sobre unas casas en esta villa en la calle de las Fuentes, nombrando capellán de la dicha fundación según y cómo en ella se contiene y declara; después de lo cual por otra escritura que otorgué en 17 de mayo del año de 1678, ante el dicho escribano, situé y señalé para la renta de la dicha capellanía los dichos 13.900 reales que se habían redimido, y 8.100 reales más a cumplimiento a 2.000 ducados de principal, y ciento de su renta que se emplearon en un censo que fundaron en favor de la dicha memoria y capellanía el licenciado don Francisco de Palacios, abogado de los Reales Consejos, y doña Ambrosia de Vayona, su mujer, y el licenciado don Ignacio de Palacios, presbítero, con las hipotecas de bienes que se contienen y declaran en el dicho censo, que fue otorgado en 26 de marzo del dicho año de 1678 ante Francisco Isidro de León, escribano del número de esta villa; y de más de las setenta misas rezadas que están señaladas en cada un año en la dicha primera fundación, dispuse se dijesen treinta misas más, cumplimiento a cien misas en cada un año, las cincuenta misas dedicadas en los cincuenta viernes a la sagrada Cruz y Pasión de Cristo Nuestro Señor en el altar del Santo Cristo del Consuelo de la parroquia de San Salvador de esta villa, y las otras cincuenta misas fuesen votivas de Nuestra Señora en los cincuenta sábados del año en su altar de la pura y limpia Concepción de la dicha parroquia, y nombré por primero capellán, que hoy lo es, a don Antonio Muñoz de Padilla, hijo de don Manuel de Padilla y de doña Bernarda de Montalbo Calderón de la Barca, mi sobrina; y en falta o ausencia suya había de nombrar capellanes el señor capellán mayor que es y fuere de la Congregación de los señores sacerdotes naturales de esta villa de Madrid, a quien dejé por patrón perpetuo de la dicha fundación con las calidades y condiciones que en las dichas fundaciones se contiene; que por otra escritura que otorgué ante el dicho Juan de Burgos en 16 de marzo del año de 1679 dispuse fuese colativa la dicha capellanía para que a título de ella se ordenase el dicho don Antonio de Padilla, en cuya conformidad se ha de guardar y cumplir la dicha fundación como en las dichas escrituras se contiene.

Ítem declaro que a mí me toca y pertenece la mitad de un censo de 26.580 reales de vellón de principal que procedió de la venta que don Diego y don Joseph Calderón de la Barca, mis hermanos, y yo hicimos en 24 de abril pasado de

623 años ante Francisco Testa, escribano del número y ayuntamiento de esta villa, como herederos de Diego Calderón, nuestro padre (que santa gloria haya) del oficio de escribano de cámara del Real Consejo de Hacienda y Contaduría mayor de cuentas, que al presente posee don Agustín de Castro con cargo de dicho censo que reditúa en cada un año 1.329 reales y medio, de cuyos réditos todos tres hermanos de un acuerdo por vía de alimentos aplicamos el goce a doña Dorotea Calderón de la Barca, nuestra hermana, monja profesa en el Real Convento de Santa Clara de la ciudad de Toledo por los días de su vida, y de ello hicimos escritura ante Mateo de Madrid, escribano de Su Majestad, en 9 de julio de 1636 años, con la cual se requirió a Diego Pérez de Vargas, que entonces poseía dicho oficio, para que con dichos réditos acudiese a la dicha nuestra hermana, como en efecto la acudió y así los demás sucesores en dicho oficio, reservando, como reservamos, en nosotros tres hermanos pro indiviso la propiedad por iguales partes; con que habiendo muerto el dicho don Joseph, teniente de Maestro de Campo general, en servicio de su Majestad ab intestato en la campaña el año pasado de cuarenta y cinco sucedimos en la propiedad de la tercera parte de dicho censo el dicho don Diego y yo, no solo como herederos, pero como dueños de su última voluntad en virtud de poder para testar que dejó a los dos de mancomún y in solidum a cada uno, y habiendo por muerte del dicho don Diego sucedido en sus bienes don Joseph Calderón de la Barca, su hijo, que casó con la señora doña Agustina Ortiz de Velasco, y habiendo por el testamento debajo de cuya disposición murió, que pasó ante el dicho Juan de Burgos, dejado mandado que después de los días de la dicha señora doña Dorotea, su tía, gozase la dicha señora doña Agustina, su mujer, la mitad de los réditos del dicho censo por los días

de su vida, y después de haber fallecido ambas señoras doña Dorotea y doña Agustina, se aplicasen y agregasen principal y réditos de la mitad, que le había tocado por muerte del dicho su padre, a la capellanía y patronato real de legos que la señora doña Inés de Riaño, mi abuela y bisabuela suya, dejó fundada en la parroquial de San Salvador de esta villa. Y siendo así que de la otra mitad que a mí me pertenece en la propiedad de dicho censo tengo hecha donación de los réditos de ella para después de los días de la dicha señora doña Dorotea, mi hermana, a las señoras doña Josepha y, doña Ana Ladrón de Guevara, mis sobrinas, hijas legítimas de los señores don Pedro Ladrón de Guevara y doña Ana González de Henao, mi prima hermana, monjas profesas en el convento de la Concepción Gerónima de esta corte para que los gocen por sus vidas subcediéndose una a otra; ahora en virtud de la donación y reserva que en mí hice, que pasó ante Juan Manrique, escribano del número de esta villa, es mi voluntad que después de los largos días de mi hermana y sobrinas, se aplique y consigne como desde luego aplico y consigno la mitad que me toca del dicho censo de 26.500 reales de principal y 1.329 y medio de réditos en posesión y propiedad a la dicha capellanía y patronato real de legos de la señora doña Inés de Riaño, mi abuela, en dicha parroquia de San Salvador, de suerte que a larga o corta edad (como Dios fuere servido) vengan ambas mitades de dicho censo de mi sobrino y mía a incorporarse otra vez juntas en aumento de dicho patronato para que las haya y goce el capellán y capellanes que según los llamamientos de su fundación fueren nombrados por el patrón, que al presente es don Juan Ladrón de Guevara, que está ausente, y con su poder lo goza el señor don Diego Ladrón de Guevara, caballero del orden de Calatrava, su hermano, hijo de doña Ana González de

Henao, difunta, heredera que fue del vínculo y mayorazgo que fundaron los señores Diego González de Henao, regidor de Madrid, y doña Inés de Riaño, nuestros abuelos, a quien por razón de aquel vínculo toca este patronato, y así a todos sus herederos y sucesores. Y porque dicha capellanía tiene de carga cuatro misas cada semana, y la manda de mi sobrino desde el día de su goce la añade otras dos, como consta de la cláusula de su testamento, es mi voluntad para su mejor cumplimiento no gravarla yo desde el día del goce de la media parte mía en más que en tres misas solemnes con diácono y subdiácono en el altar de la bóveda: una en primero de marzo al Santo Ángel de mi guarda, otra el día de difuntos en 2 de noviembre, y otra en 17 de febrero día de señor San Antonio Abad, con 4 ducados de ofrenda que se han de entregar al Rector de su hospital, de cuya limosna ha de dar carta de pago en la visita.

Ítem declaro que yo tengo un censo de 1.000 ducados de principal de vellón, y por sus réditos 50 ducados al año, impuesto sobre las casas de la calle de las Fuentes, que hoy posee la señora doña Agustina Ortiz de Velasco, mi sobrina, mujer que fue, como queda dicho, de don Joseph Calderón de la Barca, los cuales dichos réditos y dicho censo es mi voluntad que dicha señora doña Agustina por vía de manda graciosa los goce por los días de su vida sin que por deuda mía quede molestada a satisfacer su paga, y después de los días de la dicha señora doña Agustina, que sean muy felices, los dichos 1.000 ducados de principal y réditos se agreguen a la capellanía que dejo fundada en la parroquial de San Salvador de esta villa, que hoy posee don Antonio Muñoz de Padilla, hijo de don Manuel de Padilla y de la señora doña Bernarda de Montalbo Calderón de la Barca, para que desde el día de su fallecimiento de dicha señora doña Agustina los haya y goce como tal capellán, con carga de otras cincuenta misas rezadas que se han de decir en el altar privilegiado de las Ánimas del Purgatorio de dicha parroquia de San Salvador.

Ítem es mi voluntad que un Santo Cristo que hay en mi oratorio, de marfil, en una cruz de ébano guarnecida de bronces dorados sobre una basa dorada con una estatua de bronce de San Ermenegildo se dé y entregue al padre Ignacio de Castroverde, de la Compañía de Jesús, predicador de Su Majestad.

Ítem una imagen de Nuestra Señora de la Concepción, de talla, es mi voluntad se dé y entregue con su corona de plata sobredorada al señor doctor don Juan Mateo Lozano, cura propio de la parroquial de San Miguel de esta villa, capellán y predicador de Su Majestad.

Ítem es mi voluntad que un Santo Cristo, que está a la cabecera de mi cama, de marfil, en una cruz de palo santo embutida de marfil con extremos de bronce dorado, se dé y entregue al padre Bernardo de Monzón, de la Compañía de Jesús.

Ítem es mi voluntad que una imagen de la Encarnación de Nuestra Señora, en lienzo, con marco dorado, se dé y entregue al señor contador Antonio de Castro.

Ítem es mi voluntad que otra imagen de Nuestra Señora del Coro de la Santa Iglesia de Toledo se remita en la mejor forma que pareciere, al señor don Alonso de la Palma a la ciudad de Toledo y tesorero de la Real Capilla de los Señores Reyes Nuevos.

Ítem es mi voluntad que dos escaparates que hay en mi oratorio con dos Niños de cera y sobre ellos dos medios cuerpos de Cristo y María, se den y entreguen a la señora doña Bernarda de Montalbo Calderón de la Barca, mi sobrina.

Ítem es mi voluntad que seis candeleros de plata, de altar, se den y entreguen a la congregación de Nuestra Señora de la Concepción, sita en la parroquial de San Salvador de esta corte para servicio de su altar.

Ítem es mi voluntad que cuatro pebeteros de plata pequeños con unas arañas pequeñas de plata, se den y entreguen a la Congregación del Santa, Cristo del Consuelo, sita en dicha parroquia de San Salvador.

Ítem es mi voluntad que las vinajeras de plata con su platillo y campanilla de plata se dé y entregue al padre rector que es o fuere de los Donados de Santa Catalina para que sirvan al altar del Santo Cristo de la Misericordia que está en dicha iglesia.

Ítem es mi voluntad que un Niño Jesús y un San Juan, que están en mi oratorio, se den y entreguen a doña Antonia Zanzano, mujer de Sebastián de Santiago.

Ítem es mi voluntad que todos los ornamentos de mi oratorio, con sus albas, amitos y paños de cáliz, se den y entreguen a don Antonio Muñoz de Padilla, presbítero, mi sobrino, y sobrepelliz y un misal de los dos que hay en el oratorio, el que él elija.

Ítem es mi voluntad que de los libros que hay en dos estantes, los que tocan a la Monarquía eclesiástica y la Historia Pontifical se den y entreguen al señor don Carlos del Castillo, con una escribanía de carey y marfil que está en el cuarto del oratorio, y una venera de rubíes y un capote por estrenar de pel de febre aforrado en felpa larga cabellada.

Ítem es mi voluntad que un cáliz que hay en mi oratorio con un escudo de armas de los señores Vozmediano y una inscripción que tiene por orla en su pie haber sido dádiva del pontífice Adriano al señor don Pedro de Vozmediano, secretario del universal despacho del señor emperador Carlos V, abuelo del señor don Pedro de Porres, caballero del orden de Santiago, mayordomo de Su Majestad la señora Reina Madre, se le dé y entregue dicho cáliz, y le suplico que ya que en fe de la amistad que siempre profesamos me le dio el día que dije la primera misa, no le merezca igual fineza conservando en su casa prenda tan de lustre y estimación como el dicho cáliz.

Ítem es mi voluntad que al señor don Gabriel de Madrigal, caballero de la orden de Santiago, del Consejo de Su Majestad y su secretario en el de la Santa Cruzada, se le dé y entregue un relicario de coral y bronce que hay en mi oratorio.

Ítem es mi voluntad que los ocho libros del Theatrum vitae humanae se den y entreguen al padre fray Alonso de Cañizares, religioso de Nuestro Padre San Francisco, predicador de Su Majestad.

Ítem es mi voluntad que los libros del padre Diana se den y entreguen a Gerónimo de Peñarroja; y los demás de diferentes facultades, así de lo moral y buenas letras, se den y entreguen al dicho don Antonio de Padilla, mi sobrino.

Ítem es mi voluntad que a Carlos Cortisela, marido de doña Josepha de Aguirre, que hoy se hallan a mi servicio, a él se le dé todos los vestidos interiores y exteriores que se hallaren en el cofre de ellos con toda la ropa blanca de mi persona, y a la dicha doña Josepha se le dé y entregue todos los trastos inferiores de una casa y cocina, y los cuadros que hoy están en su cuarto, así de devoción como de otros países de diferentes tamaños, y a entrambos, por lo bien servido que me hallo de ellos, les mando por una vez 200 ducados.

Ítem es mi voluntad que otros 200 ducados con los colchones de mi cama y ropa de ella se depositen en poder de quien los señores mis albaceas con mas satisfacción suya eligieren, para que lo tenga de manifiesto por vía de propina para el día que tomare estado Ana de Monteserín, moza que se ha criado en mi casa por el mucho amor que la tengo, y suplico a los señores mis albaceas, que adelante irán nombrados, cuiden, por ser huérfana y pobre, favorecerla en lo que se le ofreciere, cuidando de acomodarla en parte decente, y en el ínterin que llegue el tomar estado, es mi voluntad que la cama que hoy tiene en mi casa, la tenga en la parte donde se acomodare, de que le hago gracia.

Ítem es mi voluntad que a la dicha Ana de Monteserín y a Magdalena, mi criada, se les ajuste la cuenta, y si yo les estuviere deudor, se les satisfaga, y si ellas a mí, se lo perdono; y es mi voluntad que pagadas de sus salarios, a cada una se les den 25 ducados, para que mientras se acomoden, la necesidad no les obligue a buscar de prisa su comodidad.

Ítem es mi voluntad, usando, como uso del previlegio de ser uso de corte sobrevivir por seis meses adelantados en los alquileres de las casas que el señor don Diego Ladrón de Guevara, patrón de la capellanía en que hoy vivo, me haga merced para que use de esta licencia, y que dichos mis criados rocen el previlegio por seis meses para que puedan con más conveniencia buscar su comodidad.

Ítem es mi voluntad que a doña María de Toledo se le den por una vez 50 ducados.

Ítem es mi voluntad que a doña Ana de Aguirre, mujer de Juan de Robles, maestro de obras, se le den otros 50 ducados.

Ítem es mi voluntad que se le den a Margarita de Peñarroja otros 50 ducados.

También es mi voluntad que a mis cuatro criados se den los lutos decentes.

Ítem es mi voluntad que a la Orden Tercera de mi Padre San Francisco y hábito descubierto se les den por el acompañamiento de mi entierro y a cuenta de la limosna de mi cargo, en que he tenido alguna omisión, 100 ducados.

Ítem es mi voluntad que ajustadas las cuentas de los emolumentos de mi capilla con el señor don Alonso de la Palma, su tesorero, lo que se me estuviere debiendo de ella, se dé y entregue a doña Susana Sotomayor, monja profesa en dicho convento de Santa Clara en la ciudad de Toledo, por la mucha caridad con que ha asistido a mi querida hermana en sus muchos achaques. Y para cumplir y pagar este mi testamento dejo por bienes míos los siguientes.

Plata labrada:

Dieciocho platos trincheos.

Cuatro flamenquillas.

Dos platos grandes.

Un taller con salero, azucarero y pimentero, aceitera y vinagrera.

Una salva con cuatro vasos de faltriquera.

Seis cucharas ordinarias.

Cuatro pequeñas.

Seis tenedores.

Una jarrita labrada y otra lisa.

Una caja de cuchillos con cabos de plata.

Una parangana.

Un jarro mediano.

Una escupidera.

Un velón con todas sus piezas, pantalla, remate y tijeras.

Seis candeleros bujías.
Un brasero de copa con su badil de plata.
Un pomo perfumador.
Seis candeleros de altar.
Cuatro pebeteros pequeños.
Dos arañas pequeñas.
Un platillo con vinajeras.
Una palmatoria.
Una campanilla.
Dos conchas doradas.
Un azafate liso labrado con conchas.
Cuatro azafates de diferentes tamaños.
Una salva y copa dorada.
Otra salva y vernegal blanco.
Otra salva y aguamanil dorado.
Otro azafate pequeño labrado de figuras de relieve.
Otros dos azafates redondos cincelados.
Otra salva dorada con perfiles de filigrana de plata.
Una caja para hostias.
Una tembladera pequeña.
Una confitera con su tapador.
Una salsera.

Pinturas y imágenes de bulto:
Una imagen de Nuestra Señora de la Concepción con su corona de plata sobredorada.
Un Niño Jesús y un San Juan.
Un San Francisco, un San Antonio, una Santa Teresa, un San Pedro de Alcántara, un Santo Cristo de los Dolores y otro en la Columna.

Dieciocho láminas de piedra, con marcos negros, de la historia de Nuestra Señora.

Catorce láminas de piedra, con marcos negros, de los misterios de la Pasión de Cristo.

Veinticuatro láminas de piedra, con marcos negros, de varios Santos.

Seis ramilleteros del mismo tamaño.

Una lámina en ágata del Descendimiento de la Cruz.

Una imagen de relieve en mármol, de Nuestra Señora y San Francisco.

Dos láminas pequeñas del Salvador y María, con marcos de ébano.

Un cuadro de la Cena, con marco dorado, que está en el oratorio.

Dos cuadros de San Pedro y San Pablo con marcos dorados.

Otro de la Prisión de San Pedro.

Otro del Descendimiento de la Cruz.

Dos ramilleteros de flores con marcos dorados.

Una imagen de Nuestra Señora de la Rosa con el Niño, marco dorado.

Un San Gerónimo con marco dorado.

Una imagen de la Concepción con marco negro.

Otra imagen de la Asunción de Nuestra Señora.

Otra de la Encarnación.

Otra de la Virgen del Coro de la Santa Iglesia de Toledo.

Otra de Nuestra Señora de la Soledad.

Un Santo Cristo de pincel, crucificado.

Una Oración del Huerto.

Un cuadro de la Santa Humildad de Cristo.

Otro de San Francisco en éxtasis.

Un Eccehomo y María y otro Eccehomo grande.

Un Santo Cristo de marfil, pequeño, que está en el oratorio en una cruz guarnecida de bronce dorado y algunas piedras, con una peana dorada y un San Hermenegildo de bronce.

Otro Santo Cristo de marfil, que está a la cabecera de mi cama.

Otro Santo Cristo que está en el cajón de los ornamentos.

Una Copacabana de plata.

Un relicario pequeño de marfil con San Gerónimo y otros santos labrados de medio relieve.

Otro relicario guarnecido con flores de mano.

Otro relicario de coral y bronce.

Un Santo Cristo de coral, en cruz de bronce dorado.

Nuestra Señora de la Almudena en tafetán y marco labrado.

Otra imagen pequeña con el Niño en brazos, marco dorado y negro.

Un Santo Sepulcro, cuadro de la Santa Cruz a cuestas, un San Pedro y algunos países de diferentes tamaños.

Alhajas de servicio de casa

Una cama de granadillo y bronces con dos colgaduras, una de damasco carmesí con alamares de cañamazo, rodapiés, pelliza, doselillo de cabecera, toalla listada; y otra de tafetán listado de colores, con doselillo y rodapiés y toalla azul, y gasas.

Dos escritorios de concha y marfil, corredores de bronce.

Otros dos pequeños de la misma labor, para encima.

Otros dos escritorios de concha y marfil.

Una escribanía de ébano, con tintero y salvadera.

Otra de carey y nácar con una caja de caoba con cantoneras doradas.

Un escritorio de concha y marfil.

Un espejo mediano, dos con guarniciones de plata, dos con guarnición negra.

Cuatro espejos pequeños con guarnición de bronce.

Otra escribanía nueva de concha y marfil.

Dieciséis sillas y cuatro bufetes de baqueta, viejos.

Dos cofres: uno de vestidos de mi persona, y otro de ropa blanca así de cama como de mesa, cuyas piezas no se inventarían por estar mandadas en este testamento con todas las demás alhajas menores del uso de cocina y servicio de casa que se hallaren en ser el día que se abriere este testamento.

Tres colchones de terliz de mi cama, con dos colchas de cotonía y una pelliza de pieles y dos vaquetas de Moscovia.

Todos los cuales dichos bienes son los que al presente tengo, de que han de dar cuenta mis criados, menos de unas despabiladeras y una cuchara de plata que ha faltado.

Y para la ejecución y cumplimiento de este mi testamento y última voluntad, nombro por mis albaceas y testamentarios, y suplico lo admitan y dicha testamentaria para el último consuelo de que queda a su disposición asegurado en los méritos de sus personas: al señor doctor don Juan Mateo Lozano, cura propio de la iglesia parroquial de San Miguel de esta corte, capellán de honor y predicador de Su Majestad; al señor don Carlos del Castillo, caballero de la orden de Santiago, caballerizo del Rey Nuestro Señor; al señor don Diego Ladrón de Guevara, mi sobrino, caballero de la orden de Calatrava; al señor don Gabriel de Madrigal; y al señor contador Antonio de Castro, a los cuales y a cada uno in solidum doy poder cumplido para que se entren en mis bienes y los vendan y rematen en pública almoneda o fuera de ella, y de su valor cumplan y paguen este mi testamento, mandas y legados en él contenidos y dispongan lo que más convenga, y el dicho cargo les dure todo el tiempo necesario aunque sea pasado el año del albaceazgo, que yo se le prorrogo.

Y cumplido y pagado este mi testamento y todo lo en él contenido, en el remanente que quedare de todos mis bienes, derechos y acciones, habidos y por haber, dejo y nombro por mi universal heredera a la Congregación de los señores sacerdotes naturales de esta villa de Madrid, sita en la parroquial de nuestro padre San Pedro, para que los hayan y gocen con la bendición de Dios y la mía, con cargo de que por los días de la vida de la señora doña Dorotea Calderón de la Barca, mi hermana, monja profesa en el real convento de Santa Clara de la ciudad de Toledo, la hayan de acudir con los réditos que dieren de sí empleados a satisfacción de la dicha Congregación por todos los días y vida de la dicha mi hermana; los cuales dichos réditos con su principal, después de sus días, es mi voluntad que queden siempre por bienes propios de la dicha Congregación para que los empleen y gasten en observancia de sus piadosos institutos de sacerdotes pobres.

Es mi voluntad que una lámina de ágata del Descendimiento de la Cruz con su marco negro se dé y entregue al señor don Diego Ladrón de Guevara, caballero del hábito de Calatrava, mi sobrino, por ser de mi devoción y cariño.

Y declaro que en poder del señor doctor don Juan Mateo Lozano, cura propio de la parroquial de San Miguel de esta corte, he dejado depositado cincuenta doblones de a ocho, que hacen ducientos doblones de a dos escudos de oro cada uno para el cumplimiento de mi entierro misas y funeral.

Declaro tengo en mi poder mía propia una venera de diamantes y otras veneras con la insignia de Santiago y otras alhajas que se hallarán en el escritorio que está a la cabecera de mi cama, para que se pongan por inventario.

Y revoco y anulo y doy por ningunos y de ningún valor ni efecto cualesquier otros testamentos, cobdicilios, poderes para testar, o otra disposición que antes deste haya fecho y otorgado por escrito o de palabra, o en otra forma para que no valgan en manera alguna, salvo este que al presente otorgo, que quiero valga por mi última voluntad en aquella vía y forma que mejor haya lugar en derecho; y porque le he de otorgar cerrado, lo otorgué y firmé en Madrid a 20 días del mes de mayo de 1681 años, y va escrito en catorce hojas.

Ítem declaro que Su Majestad (que santa gloria haya) me hizo merced de 200 ducados de plata de pensión en cada un año situados en vacantes del reino de Sicilia, y no habiendo tenido dicha de que se me sitúen dichos 200 ducados, compadecido Su Majestad y su Real Consejo de Italia de mis achaques y mi edad, y en consideración de no haberme situado la dicha renta en cantidad ninguna, he sabido que ha inviado a que por cuenta de dichos 200 ducados se me socorran por ahora con 1.500 ducados de plata para cuyo efecto ha escrito al Consejo de Italia los remita a esta corte para el dicho efecto de mi socorro, de los cuales no dispongo por la contingencia de si vienen o no. Es mi voluntad que se haga diligencia por mis testamentarios, a quien en caso que tenga efecto doy mi poder cumplido para que los cobren y empleen en lo que aparte de este testamento dejare ordenado, que así es mi voluntad. Fecha ut supra, y lo firmé en dichas catorce hojas y esta media de otro pliego. -Don Pedro Calderón de la Barca. -Licenciado don Julián de Ortega.

Codicilo de don Pedro Calderón de la Barca

Madrid, 23 mayo 1681

En la villa de Madrid a 23 días del mes de mayo, año de 1681, por ante mí el escribano y testigos el señor don Pedro Calderón de la Barca, caballero de la Orden de Santiago, capellán de honor de Su Majestad y de los Reyes Nuevos de la Santa Iglesia de la ciudad de Toledo, estando enfermo en la cama de la enfermedad que Dios Nuestro Señor ha sido servido darle, en su buen juicio, memoria y entendimiento natural que Nuestro Señor fue servido darle. -Dijo que por cuanto ante el presente escribano del número en 20 de este mes otorgó su testamento cerrado, a que se remite, y ahora por vía de cobdicilio y en la mejor forma que haya lugar de derecho por vía de cobdicilio dispone lo siguiente.

Que por cuanto por una cláusula del dicho su testamento declara tiene un censo de 1.000 ducados de principal y cincuenta de su renta contra la señora doña Agustina Ortiz de Velasco, viuda de don Joseph Calderón de la Barca, su sobrino, sobre unas casas que tiene en la calle de las Fuentes de esta villa, y en el dicho testamento dispone que a la dicha señora doña Agustina no se le pidan réditos ningunos del dicho censo y después de sus días lo aplica a una de sus capellanías, como en el dicho testamento se contiene, ahora quiere y es su voluntad se guarde y cumpla la dicha cláusula del testamento en cuanto a que por los días de la vida de la dicha señora doña Agustina Ortiz de Velasco no se le pidan réditos algunos del dicho censo, porque la hace gracia de ellos, y después de los días de la dicha señora doña Agustina es la voluntad del dicho señor don Pedro Calderón de mandar y manda el dicho censo principal y réditos dél en posesión y propiedad a doña Francisca Muñoz de Padilla

Calderón de la Barca, hija legítima de don Manuel Muñoz de Padilla, difunto, y de doña Bernarda de Montalbo, su mujer, sus padres, para que lo haya y goce para sí y sus herederos y subcesores.

Ítem es su voluntad que a sus criados no se les pida cuenta ninguna de lo tocante a la provisión de menudencias de casa comestibles.

Ítem es su voluntad que demás de los dichos albaceas y testamentarios que deja en el dicho su testamento, nombra por su albacea y testamentario al señor doctor don Pedro Rodríguez de Monforte, capellán de honor y predicador de Su Majestad y cura de su Real Palacio y calificador de la Suprema, y es su voluntad se le entregue al dicho señor don Pedro una lámina en piedra de Nuestra Señora y el Niño con marco dorado perfilado de plata.

Ítem declara que algunos papeles con que se hallaba mano escritos, que no tocan a ninguna cosa de hacienda ni cargo de conciencia suyo, sino solo a algún empleo de su ociosidad, aunque en su estimación valían poco, fue y es su voluntad hacer donación de ellos en vida, como con efecto la ha hecho, en el señor doctor don Juan Mateo Lozano, cura de San Miguel, con quien deja comunicado la forma que ha de usar de ellos, y así de ellos no se le pida cuenta alguna.

Todo lo cual quiere se guarde y cumpla como en este cobdicilio lleva dispuesto, guardándose lo demás contenido en su testamento, y en lo que fuere contrario a este cobdicilio lo revoca; y así lo otorgó siendo testigos el licenciado Juan Aguado, presbítero, Ambrosio de Burgos, Carlos Cortisela, Julián García de la Fuente y don Antonio de Burgos, criado del dicho señor don Pedro Monforte, residentes en esta corte, y el dicho señor otorgante, que yo el escribano doy fe que conozco, lo firmó.

Don Pedro Calderón de la Barca.
Pasó ante mí Juan de Burgos.

Libros a la carta

A la carta es un servicio especializado para
empresas,
librerías,
bibliotecas,
editoriales
y centros de enseñanza;
y permite confeccionar libros que, por su formato y concepción, sirven a los propósitos más específicos de estas instituciones.

Las empresas nos encargan ediciones personalizadas para marketing editorial o para regalos institucionales. Y los interesados solicitan, a título personal, ediciones antiguas, o no disponibles en el mercado; y las acompañan con notas y comentarios críticos.

Las ediciones tienen como apoyo un libro de estilo con todo tipo de referencias sobre los criterios de tratamiento tipográfico aplicados a nuestros libros que puede ser consultado en Linkgua-ediciones.com.

Linkgua edita por encargo diferentes versiones de una misma obra con distintos tratamientos ortotipográficos (actualizaciones de carácter divulgativo de un clásico, o versiones estrictamente fieles a la edición original de referencia).

Este servicio de ediciones a la carta le permitirá, si usted se dedica a la enseñanza, tener una forma de hacer pública su interpretación de un texto y, sobre una versión digitalizada «base», usted podrá introducir interpretaciones del texto fuente. Es un tópico que los profesores denuncien en clase los desmanes de una edición, o vayan comentando errores de interpretación de un texto y esta es una solución útil a esa necesidad del mundo académico.

Asimismo publicamos de manera sistemática, en un mismo catálogo, tesis doctorales y actas de congresos académicos, que son distribuidas a través de nuestra Web.

El servicio de «libros a la carta» funciona de dos formas.

1. Tenemos un fondo de libros digitalizados que usted puede personalizar en tiradas de al menos cinco ejemplares. Estas personalizaciones pueden ser de todo tipo: añadir notas de clase para uso de un grupo de estudiantes, introducir logos corporativos para uso con fines de marketing empresarial, etc. etc.

2. Buscamos libros descatalogados de otras editoriales y los reeditamos en tiradas cortas a petición de un cliente.

www.ingramcontent.com/pod-product-compliance
Lightning Source LLC
Chambersburg PA
CBHW020446030426
42337CB00014B/1422

* 9 7 8 8 4 9 8 1 6 3 9 1 9 *